EMG3-0130
合唱楽譜＜J-POP＞

J-POP
CHORUS PIECE

合唱で歌いたい！ J-POPコーラスピース

混声3部合唱

愛をこめて花束を

作詞：越智志帆、多保孝一、いしわたり淳治　作曲：多保孝一　合唱編曲：西條太貴

••• 曲目解説 •••

Superflyが2008年にリリースした楽曲。彼女の代表曲で、今日ではウェディングソングの定番としても愛されています。本当に花束のような歌だと思えるような、たまらない温かさにあふれた名曲を、混声3部合唱でお楽しみください。

【この楽譜は、旧商品『愛をこめて花束を〔混声3部合唱〕』（品番：EME-C0023）とはアレンジが異なります。】

愛をこめて花束を

作詞:越智志帆、多保孝一、いしわたり淳治　作曲:多保孝一　合唱編曲:西條太貴

© 2008 by NICHION,INC.
& M.C.CABIN MUSIC PUBLISHERS,INC.
& FUJIPACIFIC MUSIC INC.
& TAISUKE Co.,Ltd.

愛をこめて花束を

作詞:越智志帆、多保孝一、いしわたり淳治

二人で写真を撮ろう　懐かしいこの景色と
あの日と同じポーズでおどけてみせて欲しい

見上げる空の青さを気まぐれに雲は流れ
キレイなものは遠くにあるからキレイなの

約束したとおりあなたと
ここに来られて本当に良かったわ
この込み上がる気持ちが愛じゃないなら
何が愛か分からないほど

愛をこめて花束を　大袈裟(おおげさ)だけど受け取って
理由なんて訊(き)かないでよね
今だけすべて忘れて　笑わないで受けとめて
照れていないで

昨日とよく似た今日は何気ない分かれ道を
分かって選びそびれた臆病のせいでしょう

私は泣くのが得意で
最初から慰めを当てにしてたわ
何度も間違った道　選び続けて
正しくここに戻って来たの

巡り巡る時を超え　いつもあなたの所へと
この心　舞い戻ってゆく
無理に描く理想より　笑い合える今日の方が
ずっと幸せね

violet, indigo, black and blue
flame, yellow, purple, sky blue,
pink, yellow green, ash, brown……
あなたに贈る色は……?

巡り巡る時を超え　いつもあなたの所へと
この心　舞い戻ってゆく
ありがとうも言い出せず甘えていた
今日ここへ来るまでは

愛をこめて花束を　大袈裟だけど受け取って
理由なんて訊(き)かないでね
今だけすべて忘れて　笑わないで受けとめて
本当の私を

いつまでもそばにいて

エレヴァートミュージックエンターテイメントはウィンズスコアが
展開する「合唱楽譜・器楽系楽譜」を中心とした専門レーベルです。

ご注文について

エレヴァートミュージックエンターテイメントの商品は全国の楽器店、ならびに書店にてお求めになれますが、店頭でのご購入が困難な場合、下記PC＆モバイルサイト・FAX・電話からのご注文で、直接ご購入が可能です。

◎PCサイト＆モバイルサイトでのご注文方法

http://elevato-music.com

上記のアドレスへアクセスし、WEBショップにてご注文ください。

◎FAXでのご注文方法

FAX.03-6809-0594

24時間、ご注文を承ります。上記PCサイトよりFAXご注文用紙をダウンロードし、
印刷、ご記入の上ご送信ください。

◎お電話でのご注文方法

TEL.0120-713-771

営業時間内に電話いただければ、電話にてご注文を承ります。

※この出版物の全部または一部を権利者に無断で複製（コピー）することは、著作権の侵害にあたり、
　著作権法により罰せられます。

※造本には十分注意しておりますが、万一、落丁・乱丁などの不良品がありましたらお取り替えいたします。
　また、ご意見・ご感想もホームページより受け付けておりますので、お気軽にお問い合わせください。